Thomas Ritter

Magisches Bali

Von Hexen, Heilern und Schicksalslesungen

Thomas Ritter

Magisches Bali

Von Hexen, Heilern und Schicksalslesungen

„Magisches Bali"
Erste Auflage August 2015

Ancient Mail Verlag Werner Betz
Europaring 57, D-64521 Groß-Gerau
Tel.: 00 49 (0) 61 52/5 43 75, Fax: 00 49 (0) 61 52/94 91 82
www.ancientmail.de
Email: ancientmail@t-online.de

Coverfoto: Werner Betz ©
Umschlaggestaltung: Sandra Schmidt

ISBN 978-3-95652-117-1

Haftungsausschluss

Autor und Verlag übernehmen keinerlei Verantwortung für die Wirksamkeit der im Buch beschriebenen Behandlungen. Diese stellen ebenfalls keinerlei Heilungsversprechen dar. Grundlage der Behandlungen mit alternativer Medizin sind die gültigen gesetzlichen Regelungen des Landes, in dem der jeweilige Heiler praktiziert. Eine Anwendung der beschriebenen Behandlungen ersetzt unter keinen Umständen die Konsultation eines Arztes. Eine Haftung des Autors, des Verlags oder seiner Beauftragten für eventuelle Personen-, Sach- oder Vermögensschäden ist ausgeschlossen.

Inhalt

Gunung Kawi – Balis steinernes Rätsel

Gunung Kawi wird auch der Berg der Poesie genannt. Man erreicht die megalithischen Bauten über das kleine Holzschnitzerdorf Tampaksiring. Der Besuch dieses Felsheiligtums gilt als absolutes Muss einer Reise durch Bali. Nach einem nicht immer einfachen Abstieg über 300 Treppen hinab in die Schlucht, vorbei an Reisterrassen, erreicht man ein grünes Tal, an dessen Abhänge sich steinerne Monumente aus ferner Vergangenheit schmiegen.

Erst im Jahr 1920 wurde die Anlage wiederentdeckt. Sie stellt eine der eindrucksvollsten Kultstätten der Insel dar. Am Fuß der Schlucht befinden sich insgesamt neun Monumente, die aus dem harten vulkanischen Stein gearbeitet wurden. Vier dieser Monumente sind bekannt als die „Gräber der Königinnen".

Der gesamte Komplex wird durch den Pakerisan-Fluss geteilt. Die größere Gruppe von Felsenbauten steht auf der jenseitigen Flussseite. Sie befinden sich neben einer ebenfalls aus dem massiven Stein gearbeiteten Anlage, welche von Historikern als „Mönchsklause aus dem 9. Jahrhundert" definiert wird. Einst sollen hier buddhistische Mönche gelebt haben, was angesichts der starken Feuchtigkeit durch stetig herabrinnendes Wasser zweifelhaft erscheint. Gunung Kawi, jedenfalls so, wie es sich jetzt darbietet, ist alles andere als gastlich. Dafür liegt die Anlage aber perfekt vor neugierigen Blicken verborgen am Grunde der Pakerisan-Schlucht.

Die so genannten „Grabmale" sollen aus dem 11. Jahrhundert stammen. Allerdings gibt auch die offizielle Archäologie zu, dass hier niemals Bestattungen vorgenommen worden sind. Eine aktuelle Interpretation bezeichnet daher Gunung Kawi lediglich als „Gedenkstätte für die Königsfamilie Udayana aus dem 10. Jahrhundert". Datierungen und Interpretationen variieren also erheblich. Dies liegt daran, daß die Anlage zwar im 11. Jahrhundert zum ersten Mal in Inschriften erwähnt wird, das Datum ihrer Erbauung aber unbekannt ist.

In einer auf dem balinesischen Wuku Kalender basierenden Inschrift von Tengkulak aus dem Jahr 945, welche König Marakata zugeschrieben wird, ist der Komplex als „Katyangan Amarawati" verzeichnet. Der Fluss trug zu jener Zeit den Namen Jalu.

Da sämtliche Monumente aus dem harten vulkanischen Fels gearbeitet sind, ist eine Datierung äußerst schwierig, zumal auch die Form der Anlage und ihr Zustand Rätsel aufgeben. Einige Teile der aus dem Felsen gearbeiteten Bauwerke sind ersichtlich unfertig, andere zerstört. Ob diese Zerstörungen natürlichen Ursachen wie Erdbeben zuzuschreiben sind oder infolge kriegerischer Einwirkung entstanden, lässt sich nicht eindeutig sagen.

Die so genannten „Grabmäler" werden von den Balinesen als „Candi" bezeichnet. Sie sollen den Begräbnistürmen balinesischer Bestattungszeremonien gleichen, und an die Personen königlichen Geblüts erinnern, derer hier gedacht werden soll. Solche Monumente sind vor allem aus Zentral- und Ost-Java bekannt. Während sie sich dort aufgrund von Inschriften eindeutig zuordnen lassen, fehlen diese in Bali. Nun ja, nicht ganz. An einigen Candis gibt es verwaschene Symbole, welche entfernt an Schriftzeichen erinnern. Allerdings ist diese Schrift heute in Bali unbekannt. Sie gemahnt an das ebenfalls noch nicht entschlüsselte Rongo Rongo der Osterinsel.

An den Monumenten finden sich auch bei näherer Betrachtung keine Anhaltspunkte wie etwa Meißelspuren, welche auf eine konventionelle Bearbeitung schließen ließen. Bei der Errichtung dieser Bauwerke fand eine sehr komplizierte und arbeitsintensive Methode ihre Anwendung, nämlich das Herausarbeiten des gesamten Monumentes aus einem Felsen. Als Gedenkstätte oder Grabmal wirkt die gesamte Anlage merkwürdig schmucklos, ganz im Gegensatz zu den hinduistischen Tempeln Balis mit all ihren Götterstatuen und Himmelsschlangen.

Gunung Kawi ist anonym, und wenn man die Verwitterungsspuren an den Candis betrachtet, auch sehr alt. Ganz sicher bei weitem älter als eintausend Jahre. Möglicherweise wurde die Anlage von javanischen Königen aus dem 11. Jahrhundert, die auch über Bali herrschten, nachgenutzt. Doch was war ihr ursprünglicher Zweck?

Die hinduistischen Tempel gelten von alters her als irdischer Wohnsitz der Gottheiten. Daher werden sie nach einheitlichen Regeln einer komplizierten sakralen Architektur erbaut, um die Götter zu bewegen, sich darin niederzulassen. War Gunung Kawi womöglich eine Anlage, die mit den „Göttern" in Verbindung stand? Manches spricht dafür. Die sogenannten „Candis" erinnern nicht nur an balinesische Begräbnistürme, sondern vielmehr an einen bestimmten Typ von „Vimana", wie er in der altindischen Literatur beschrieben wird, nämlich an eine Pushpak Vimana.

Sowohl in Indien als auch in Bali haben unzählige steinerne Tafeln, beschriftete Kupferplatten und Palmblattmanuskripte, die noch heute in den Archiven der Tempel an den heiligen Orten unzugänglich für Nichteingeweihte gelagert sind, den Vimana-Veda, die „Wissenschaft der planetarischen und interplanetarischen Flugobjekte", zum Inhalt. Doch erst wenige dieser wertvollen Manuskripte konnten bislang auch von der offiziellen Wissenschaft „wiederentdeckt" und teilweise übersetzt werden – so etwa das Samaranganasutradhara oder das Vymaanika-Shaastra – ein mehrere tausend Jahre alter Sanskrit-Text, der aus der Feder des Maharshi Bharadwaaja – eines Rishis – stammen soll.

In zahlreichen Kapiteln behandelt dieser Text so aktuelle Themen wie die Ausbildung der Piloten auf verschiedenen Typen von Vimanas und die Darstellung der vorzeitlichen Luftwege. Von der Ausrüstung und Verpflegung der Passagiere war dort ebenso die Rede wie von der Bedienung der einzelnen Geräte und Maschinen an Bord einer solchen Vimana. Auch militärische Aspekte finden ihre Berücksichtigung in den alten Sanskrit-Texten. Nach der Beschreibung des Vymaanika-Shaastra verfügten die Vimanas über Instrumente, mit denen feindliche Manöver rechtzeitig erkannt werden konnten, um diese wirkungsvoll zu verhindern. Außerdem waren die antiken Flugscheiben mit recht modernen Kommunikationsgeräten ausgerüstet, mit denen „die Verständigung zwischen diesen Fluggeräten über weite Strecken im Raume hinweg möglich" gewesen sein soll. Auch recht genaue Angaben über die Größe der Flugapparate, die nach Stockwerken gemessen wurde, und über die mächtigen Waffensysteme der Vimanas sind in den Sanskrit-Texten verzeichnet.

Die Vorstellung, daß unsere Erde von Wesen aus dem All besucht wurde, deren Heimat fremde Planeten in anderen Sonnensystemen, manchmal sogar andere Galaxien sind, ist den gläubigen Hindus seit Jahrtausenden geläufig. Die Wissenschaftler in Indien und Indonesien beziehen heute diese Erkenntnisse in ihre Forschungen mit ein. Es ist dort schon lange nicht mehr die Frage, ob solche Vimanas tatsächlich existiert haben. Natürlich existierten sie. Vielmehr gilt es den Forschern dort nun zu differenzieren, welche Vimanas von wem gebaut und benutzt worden sind und was aus den Beschreibungen in den alten Manuskripten für heutige Entwicklungen verwendet werden kann.

Im Vimana-Veda werden die verschiedensten Flugschiffe beschrieben. Manche dieser Maschinen stammten mit Sicherheit nicht von der Erde. In den Texten ist die Rede von Rakshasas, den Wesen der Finsternis und Gewalt, die mit ihren Vimanas aus den Tiefen des Alls kamen.

Doch andere fliegende Maschinen wurden von irdischen Konstrukteuren erschaffen - den Rishis. Sie waren keine Menschen, aber auch keine Götter. Wir können sagen, dass die Rishis eine eigene Art, eine ganz besondere Rasse von Wesen bildeten, die schon lange auf dieser Welt weilten, bevor die Menschen anfingen, nach dem Sinn ihrer Existenz auf der Erde zu suchen. Nach menschlichen Maßstäben waren sie seit Anbeginn der Zeit hier, und durchschritten die verschiedenen Yugas, die Weltzeitalter, an der Seite der Götter und Menschen. Sie waren die Mittler zwischen der Welt des Göttlichen und der Welt der Menschen, die Hüter einer universellen Weisheit und ihrer allumfassenden Gesetzmäßigkeiten. Möglicherweise waren sie die letzten Überlebenden einer vorzeitlichen irdischen Hochkultur, welche in der Literatur als Mu – das Mutterland – bezeichnet wird.

Einer dieser Rishis, Agasthya mit Namen, hat seine Spuren auch auf Bali hinterlassen. Ihm ist heute sogar ein Tempel geweiht – der Pura LuhurBatukaru. Er liegt mitten im Dschungel an einer heiligen Quelle. Diese soll Agasthya selbst einstmals mit Hilfe eines magischen Stabes aus dem Boden geschlagen haben.

In Bali mögen sich die Wissenschaftler ja noch darüber streiten, ob Prinz Ram nur eine Ausgeburt der Phantasie des Dichters Valmiki oder wirklich eine historische Persönlichkeit war. In Sri Lanka hingegen ist man sich dagegen sicher, dass die Legenden des auch im balinesischen Kulturkreis sehr populären Ramayana historischen Tatsachen entsprechen. Singhalesische Forscher haben im Auftrag des Tourismusministeriums fünf „Flughäfen" entdeckt, auf denen der Dämonenkönig Ravana seine Flotte von Pushpak Vimanas stationierte, jener mythologischen Flugmaschinen, deren er sich bediente, um Prinz Rams Gattin Sita zu entführen. Die Abbildungen der Pushpak Vimanas in den alten singhalesischen Texten gleichen den sogenannten „Grabmälern" von Gunung Kawi auf Bali bis ins Detail.

Der Dichter Valmiki schildert im Ramayana die Taten des indischen Königssohnes Ram, dessen Gattin Sita von dem auf Sri Lanka ansässigen „Dämonenkönig" Ravana entführt wird. Dieser beherrschte die Kunst des Fliegens, denn er raubte Sita in einem „Wagen der Lüfte, welcher der Sonne glich".

Aber auch Ram verfügte über einen „Wagen der Lüfte", mit dem er unverzüglich die Verfolgung aufnahm. Ravana wollte Sita nach Sri Lanka bringen, wurde aber von Ram zum Luftkampf gestellt. Entweder war Ram der erfahrenere Pilot oder er verfügte einfach über die bessere Vimana. Es gelang im jedenfalls, Ravanas Flugapparat mit einem „Himmelspfeil" abzuschießen, der daraufhin „in die Tiefe" stürzte. Jedoch gelang es Rams Gattin Sita sich zu retten, indem sie aus der abgeschossenen Vimana in das unversehrte Luftfahrzeug ihres Mannes „umstieg". Eine Rettung per Fallschirm? Darüber schweigen die historischen Quellen.

Aber nicht nur Ram, sondern auch seine Verbündeten - allen voran der „König der Affen" (wurde er seines ungewöhnlichen, nichtmenschlichen Aussehens wegen so genannt?) und sein Minister Hanuman – verfügten über sehr modern anmutende Flugmaschinen.

Wenn diese Maschinen starteten, so „beben die Grundfesten der Berge, Felsspitzen brechen weg, Riesenbäume werden entästet gebrochen, ein Regenschauer von Holz und Blättern geht zu Boden". Beginnt die Maschine ihren Flug in bewohnten Gegenden so „werden die schönen Lotusteiche von (Sri) Lanka ausgeschwemmt, Hochbauten und Türme stürzen ein und die Lustgärten werden verwüstet".

Das Ramayana ist, wie bereits erwähnt, auch in Bali sehr populär, und lebt in Tänzen und Puppenspielen weiter. Auch auf der tropischen Insel gibt es Orte, die in Legenden und Überlieferungen unmittelbar mit dem Ramayana in Verbindung gebracht werden. Gunung Kawi gehört dazu. Vielleicht befand sich in dem versteckten Tal einst ein Stützpunkt für Vimanas, die von hier aus zu ihren Missionen starteten. Die Darstellungen dort und der gesamte Charakter der Anlage sprechen eher für einen technischen Verwendungszweck, denn für eine Begräbnis- oder Gedenkstätte.

Abb. 1: Die Gräber

Abb. 2: Aus dem massiven Stein gearbeitete Anlagen

Abb. 3: Gunung Kawi, Eingangstor

Abb. 4: Beschreibung von Vimanas in alten Palmblättern

Abb. 5: Vimanas in atiken Palmblättern

Magie im Paradies

Wer seine Urlaubstage auf Bali mit den Einheimischen verbringt, und aufrichtiges Interesse an ihrer Kultur zeigt, wird recht schnell mit Dingen in Berührung kommen, die dem rational geprägten Europäer zumindest ungewöhnlich, wenn nicht gar unglaublich dünken.

Auf Bali wird, wie im gesamten indonesischen Archipel übrigens auch, bis zum heutigen Tag Magie praktiziert. Mächtige Brahmanen-Dynastien sind die Hüter der magischen Traditionen, die sich in Schwarz- und Weißmagier unterscheiden. Während als Zentrum der schwarzen Magie der Ort Sanur an der südöstlichen Küste Balis gilt, ist das Zuhause der Weißen Bruderschaft die Stadt Gyanyar im bergigen Nordosten der Insel.

Diese Verteilung der Einflußsphären mag dem balinesischen Volksglauben geschuldet sein. Demzufolge hausen Dämonen und böse Geister im Meer und an der flachen Küste, während das Bergland, und insbesondere die hohen Vulkankegel der Insel, den Göttern und guten Geistern vorbehalten ist. Zwischen beiden Parteien tobt von Ewigkeit zu Ewigkeit ein unerbittlicher spiritueller Kampf, den allerdings keine der beiden Seiten jemals gewinnen kann. Um die Welt im Gleichgewicht zu halten, bedarf es der hellen ebenso wie der dunklen Kräfte. Die Balinesen wissen dies, und ehren beide Seiten mit täglichen Opfern.

Nach dem Glauben der Balinesen muß jemand, der die Weiße Magie beherrschen lernen will, um als Heiler oder Pedanda Menschen zu helfen, zunächst einmal die Schwarze Magie erlernen. Diese verleiht dem Novizen bereits innerhalb kurzer Zeit außergewöhnliche spirituelle und magische Kräfte. Daher ist es kein Wunder, dass viele Studenten der magischen Künste es beim Studium der schwarzen Magie belassen. Ihre Anwendung verleiht Macht über die Mitmenschen und soziales Prestige im Alltag.

Diese Schwarzmagier, egal ob Frauen oder Männer, werden in Bali Leak genannt. Sie haben einen denkbar schlechten Ruf. Die Balinesen glauben, dass Leaks ihren Mitmenschen durch Schadenzauber Krankheiten anhexen oder sie sogar töten können. Auch über die Saaten und Nutztiere sollen sie unheimliche und schädliche Macht haben. So ist es ihnen etwa möglich, Reis auf dem Halm verfaulen oder Rinder und Wasserbüffel dahinsiechen zu lassen.

Kein Wunder, dass jede Dorfgemeinschaft einem Leak in ihrer Mitte nicht nur mißtraut, sondern ihn vor allem auch gehörig fürchtet. Deshalb behandelt sie ihn mit ausgesuchter Höflichkeit, manchmal sogar regelrechter Ehrerbietung. Nur durch regelmäßige Opfer ist er zu besänftigen, und von seinem dunklen Tun abzuhalten. Ebenfalls kein Wunder also, dass es als Leaks verschrienen Zeitgenossen auf Bali zumindest materiell meist recht gut geht.

Wer ein Leak werden will, muß sich zunächst vollkommen der Hindu-Göttin Durga weihen. Durch Opfergaben und das Rezitieren geheimer Mantren wird der Wunsch bekundet, durch die Göttin magische Kräfte verliehen zu bekommen. Wer Mantren und Opferrituale vollkommen beherrscht, vollzieht um Mitternacht auf einem verlassenen Friedhof Durgas mystischen Tanz nach. Dann erlangt die betreffende Person die Fähigkeit, sich in einen Leak zu transformieren. Dies berichtet jedenfalls die Überlieferung.

Ein Leak kann seine Gestalt beliebig wandeln. So ist es ihm unter anderem möglich, die Gestalt eines Tieres, aber auch eines Motorrades oder Autos anzunehmen. Er kann aber ebenso als flammender Plasmoid erscheinen. In dieser Form wird er Endih genannt.

Ich erinnere mich noch gut an eine merkwürdige Begegnung auf meiner ersten Reise nach Bali im Frühling des Jahres 2007. Damals entdeckte ich auf dem Heimweg vom Abendessen in einem Warung bei dem Dorf Penestanan eine seltsame, etwa fußballgroße Lichtkugel über den nachtdunklen Reisfeldern. Während ich noch meinte, das Lichtphänomen rühre von einem Scheinwerfer oder einer ähnlichen Lichtquelle her, wurden meine balinesischen Begleiter plötzlich unruhig. Sie rieten mir dringend, den Weg zu meiner Unterkunft möglichst rasch fortzusetzen. Inzwischen wurde mir klar, dass die Ursache des merkwürdigen Leuchtens kein Schweinwerfer oder eine andere bekannte Ursache war. Gab es hier auf Bali UFOs?

Ich machte mit meiner Kamera einige Aufnahmen der rasch näher kommenden Lichtkugel. Dies gefiel meinen balinesischen Freunden nun überhaupt nicht. Unmissverständlich machten sie mir klar, dass ich mich in großer Gefahr befand, und nur in meinem Quartier sicher sei. Inzwischen war das merkwürdige Leuchten keine zehn Meter mehr entfernt. Die Lichtkugel pulsierte in einem regelmäßigen Rhythmus, ganz so, als würde sie atmen. Und dies tat sie auch! Von ihr ging ein Schnaufen und Röcheln aus, dass sich mir sämtliche Nackenhaare aufstellten. Nur zu gern folgte ich nun dem Rat der Einheimischen, und zog mich schleunigst in meine Unterkunft zurück. Erst später sollte ich von meinen balinesischen Freunden erfahren, dass ich wirklich und wahrhaftig einem leibhaftigen Leak begegnet war.

Geübte Leaks können nämlich prinzipiell jede denkbare Gestalt annehmen. In der Form eines wilden Tieres wird der Leak Pamoroan genannt. So erscheint er lediglich bei Nacht, wenn er auf Jagd geht, um seinen Opfern vampirhaft Blut und Lebenskraft auszusaugen, oder einfach nur einsame nächtliche Wanderer zu Tode zu erschrecken.

In der Form des Tluh können Leaks auch tagsüber in menschlicher Form auftreten. Ihr Gesicht ist dann unnatürlich aufgedunsen, die Augen haben einen abwesenden, starrenden Ausdruck. Es ist ratsam, um diese Form des Leaks einen möglichst großen Bogen zu machen, denn meist führen sie verborgen ein scharfes Messer mit, um ihre Feinde oder auch unschuldige Opfer durch einen blitzschnellen Stich in den Leib zu töten, um sich an deren Lebensenergie zu laben.

Erfahrene Leaks erscheinen in der Form des Tranjana, egal ob tags oder nachts. Diese Form ähnelt einem gestaltlosen, kaum sichtbaren, Grauen verbreitenden Schatten.

Zwischen den Leaks und den Magiern der Weißen Bruderschaft soll es auch immer wieder zu spirituell motivierten Kämpfen kommen. Der in einer solchen Auseinandersetzung Unterlegene erkrankt nach dem Duell und ist einem langsamen Tod geweiht.

Doch die Leaks sind nicht so schlecht, wie oft behauptet.

Leak zu sein, bedeutet, über ein bestimmtes spirituelles Wissen und damit verbundene Fähigkeiten zu verfügen. Diese Fähigkeiten lassen sich ähnlich einem Messer verwenden. Wir können damit Brot schneiden, oder unseren Nachbarn niederstechen. Dies hängt immer vom individuellen Charakter des Betreffenden ab. Ein Leak kann mit seinen Fähigkeiten Kranke heilen oder Gesunde töten. Dies hat nichts mit den volkstümlichen Legenden zu tun, die wissen wollen, dass Leaks auf ihren nächtlichen Ausflügen Schwangeren oder Neugeborenen das Blut aussaugen, um auf diese Weise ihre magischen Fähigkeiten zu stärken.

Es heißt, dass erfahrene weibliche Leaks sogar die Fähigkeit haben, sich in Rangda, die Hexenfürstin, zu verwandeln. In diesem Zustand können sie ebenfalls die Form eines Affen mit goldenem Gebiß, einer gigantischen Ratte oder eines Riesen annehmen.

Rangda hat eine außergewöhnlich lange Zunge und wolfsähnliche Reißzähne. Ihr ewiger Widersacher ist der Barong, ein mythischer Drache. Er symbolisiert die Kräfte der Ordnung und des Guten. Barong und Rangda stehen sich als Repräsentanten von Gut und Böse in der balinesischen Mythologie gegenüber.

Der Begriff Leak bezeichnet jedoch nicht nur den momentanen Zustand eines Magiers. Ilmu Leak wird eine uralte spirituelle Wissenschaft genannt, die von den Vorfahren der heutigen Balinesen überliefert wurde. Es bedarf eines starken Willens und großer Ausdauer, um sich dieses Wissen anzueignen.

Niedergelegt ist der Ilmu Leak in antiken Manuskripten, die auf den getrockneten und entsprechend präparierten Blättern der Rontal Palme (Borassuslabelliformis) eingeritzt sind. Ilmu Leak wird beschrieben als eine geheime Wissenschaft, um sich schwarzmagischer Attacken und negativer Energien sowie böser Geister zu erwehren.

In früheren Zeiten war es nur den Brahmanen und den Angehörigen der balinesischen Aristokratie gestattet, diese Manuskripte zu studieren. Ilmu Leak kann daher als die besondere Kunst eines magischen Schutzes beschrieben werden.

Im konträren Gegensatz dazu steht die Kunst des Nerangjana Teluh. Mit diesem Schadenzauber soll es möglich sein, an Feinden Rache zu nehmen, sowie mehr Macht und Einfluß auf Kosten anderer zu erlangen. Ilmu Leak hingegen schließt letztlich auch die Suche nach der Erleuchtung durch das Studium überlieferter magischer oder heiliger Texte ein.

In der balinesischen Schriftsprache gibt es keine Entsprechung für Leak. Wohl aber finden sich hier die Begriffe „liya, ak", welche die „fünf Charaktere" bedeuten, und dafür stehen, auf spirituelle Weise dem menschlichen Körper Energie zuzuführen oder zu entziehen.

Diese fünf Charaktere sind Si, Wa, Ya, Na, Ma.

- Si reflektiert Gott
- Wa ist die Segnung
- Ya steht für den Geist
- Na bedeutet jene Kraft, welche die Intelligenz beschützt
- Ma steht für das Ego, welches die menschliche Seele gefangen hält.

Die Macht der in den alten Manuskripten beschriebenen Charaktere soll letztlich die Studenten dieser geheimen Wissenschaften zu außerkörperlichen Erfahrungen und Astralreisen befähigen. Dieser Zustand wird „Ilmu Rogo Sukmo" genannt, und ist für viele Balinesen der Grund, sich mit Ilmu Leak zu beschäftigen. Die Endih genannten Lichterscheinungen sind demnach Manifestationen von Astralreisenden.

Doch nicht nur Leaks bevölkern die spirituellen Sphären Balis. Da gibt es auch noch „Ahnen", genannte Geister, welche bestimmte Plätze beschützen. Am ehesten kann man sie mit dem „Genius Loci" der abendländischen Mythologie vergleichen.

Wie real solche Ahnengeister sind, mag ein Beispiel aus Sanur belegen. Dort wurde 1963 das Hotel „Grand Bali Beach Resort" als eines der ersten Luxusresorts der Insel errichtet. Es ist der – glücklicherweise – einzige Hochhausbau auf Bali, ein unförmiger Klotz, errichtet aus japanischen Reparationsmitteln des 2. Weltkrieges, und wird daher von den Balinesen respektlos, aber treffend „Japans letzte Rache" genannt.

Im Jahr 1993 brannte das Hotel unter ungeklärten Umständen fast völlig aus. Weder Gäste noch Angehörige des Personals kamen dabei zu Schaden. Bei den Aufräum- und Wiederaufbauarbeiten stellte sich heraus, dass die gesamte Inneneinrichtung des Hotels vom Feuer verzehrt wurde – mit Ausnahme des Zimmers 327. Hier war zwar die Eingangstür ein wenig angekohlt, das Zimmer aber samt Einrichtung blieb vom Feuer komplett verschont. Nach dem Wiederaufbau des Hotels wurde das Zimmer in einen Schrein umgewidmet, der dem „Ahnen des Ortes" geweiht ist. Der Ahne wird bis heute bedient wie ein exklusiver Hotelgast. Er erhält Frühstück, Lunch und Dinner direkt aufs Zimmer gebracht, nicht zu vergessen, auch den Fünf-Uhr-Tee samt Gebäck. Das Zimmer 327 kann jeden Donnerstag oder nach Voranmeldung besichtigt werden.

Leaks, Geister und Dämonen sind bis heute allgegenwärtig auf Bali – dieser Insel der Götter, dem paradiesischen Eiland im indonesischen Archipel.

Abb. 6: Opfergaben für Götter und Dämonen gehören zum balinesischen Alltag

Abb. 7: Barong, der Drache, symbolisiert das Gute und die kosmische Ordnung

Abb. 8: Der ewige Kampf zwischen Gut und Böse

Abb. 9: Der Tempel von Tanah Lot

Abb. 10: Reinigungsritual gegen Krankheiten oder Schwarze Magie

Abb. 11: Reinigungszeremonie

Abb. 12: Kraftort Goa Gaja

Abb. 13: Gunung Agung

Abb. 14: Bedugul

Abb. 15: Balinesische Tempel

Abb. 16: Zimmer 327 im Inna Grand Bali Beach blieb vom Brand verschont

Abb. 17: Obwohl die Klimaanlage ausglühte ...

Abb. 18 : ... blieb der Raum unversehrt ...

Abb. 19: ... und ist heute ein Schrein

Abb. 20: Das Feuer vermochte dem Zimmer nichts anzuhaben

Schicksalslesung im Schatten des Agung

Anders als im Westen gelten in hinduistischen Kulturen Wissenschaft und Religion nicht als ausgeprägte Gegensätze. Sie werden vielmehr als zwei verschiedene, einander ergänzende Wege auf der Suche nach Wahrheit und Erkenntnis angesehen. In der hinduistischen Wissenschaft hängt das Verständnis der äußeren Wirklichkeit untrennbar vom Verständnis des Göttlichen ab.

Ganz besonders gilt das hier Gesagte für Systeme, die im Westen als „Pseudowissenschaft" oder noch schärfer formuliert „Aberglauben" abgetan werden. Die Astrologie etwa ist im Abendland trotz zahlreicher zutreffender Vorhersagen immer noch eine vielfach bespöttelte Außenseiterdisziplin. In Indonesien und speziell auf Bali dagegen wird die Zukunftsdeutung nach wissenschaftlich anmutenden Kriterien betrieben.

Ein Horoskop zeigt nach Auffassung der Jyotir-Astrologen bei entsprechender Berechnung mit exakter Genauigkeit die Verteilung der Wirklichkeitsbausteine an, aus denen sich das Leben eines jeden Menschen im einzelnen zusammensetzt. Das Horoskop läßt also sichtbar werden, welche dieser „Bausteine" etwa in Form von Talenten, Neigungen und Veranlagungen mit in das Leben gebracht werden, und welche es noch durch entsprechende Erfahrungen noch zu erwerben gilt. Es zeigt sogar die Art und Weise des Handelns oder Geschehens an, das die noch ausstehenden Erfahrungen erst ermöglicht. In einem solchen Horoskop sind Ausgangspunkt und Finalität eines Lebens vereint. Das Horoskop, welches für den Zeitpunkt der Geburt eines Menschen erstellt wird, beinhaltet die „Lebensformel" der betreffenden Person.

Jedoch bildet das Horoskop nicht die einzige Variante der Zukunftsschau in Bali. Es gibt noch eine andere Möglichkeit – den Besuch der Lontar- oder Schicksalsbibliothek. Die Urschriften der dort aufbewahrten Palmblätter wurden von einer Gruppe mythologischer Wesen, den Rishis, verfaßt, die etwa 5000 v. Chr. gelebt haben sollen.

Der Überlieferung zufolge nutzten die Rishis ihre außergewöhnlichen spirituellen Fähigkeiten dazu, aus der Akasha-Chronik, einem auch als „Weltgedächtnis" bezeichneten, kosmischen Informationsfeld, die Lebensläufe von mehreren Millionen Menschen zu lesen, und sie schriftlich auf den getrockneten Blättern der Stech- oder Lontarpalme zu fixieren. Das gesamte Leben dieser Menschen, von der Geburt bis zum genauen Zeitpunkt ihres Todes, wurde auf den Palmblättern in Alt-Javanisch („Kawi") - einer Sprache, die heutzutage nur noch wenige Eingeweihte beherrschen - in eng geschriebenen Zeichen eingeritzt. Ein solches Palmblatt überdauert im Normalfall etwa 800 Jahre. Wenn es alt und brüchig geworden ist, wird eine Abschrift des Textes auf einem neuen Palmblatt angefertigt.

Es soll der Rishi Agasthya gewesen, der diese Schicksalsbücher auf seinen Reisen schließlich auch nach Bali brachte. Ihm zu Ehren wurde ein Tempel errichtet, genannt Pura Luhur, welcher eine heilige Quelle bewacht. Einstmals war die Kunst des Lontarreadings auf Bali weit verbreitet. Doch heute gibt es hier nur noch eine einzige Schicksalsbibliothek.

Nach meinen Erkenntnissen handelt es sich bei den sagenumwobenen Rishis höchstwahrscheinlich um die Überlebenden der Priesterkaste des infolge einer kosmisch bedingten Naturkatastrophe versunkenen mythischen Kontinents „Mu". Dieser Kontinent soll gemäß den Recherchen der Forscher James Churchward und Robert Niven die Urheimat und erste Hochkultur der menschlichen Rasse gewesen sein. Die beiden Wissenschaftler lokalisierten den „verlorenen Kontinent" im Gebiet des heutigen Pazifik.

Wenn die Rishis also den Untergang ihrer Heimat überlebt hatten, dann bestand die Möglichkeit, dass der Rishi Agasthya auf seinem Weg nach Westen auch Bali besuchte und dort Schüler in die Kunst des Lontarreadings einweihte.

Die letzte Schicksalsbibliothek von Bali befindet sich in dem Ort Selat im Distrikt Gyanjar am Fuße von Balis heiligstem Berg – dem mehr als 3.000 Meter hohen Gunung Agung, nur wenige Kilmeter Luftlinie entfernt von Balis Nationalheiligtum, dem Pura Besakih.

Pedanda Ida Made Ngenjung liest hier nicht mehr nur ausschließlich von antiken Palmblättern. Er benutzt für seine Lesungen auch handgeschriebene Folianten, welche die jeweiligen Informationen enthalten. Das komplizierte Herstellen von Palmblattmanuskripten ist auf Bali inzwischen auch eine aussterbende Kunst, insbesondere seit der verhängnisvollen Eroberung der Insel durch die Holländer Ende des 19. Jahrhunderts. Den Massakern der Eroberer fielen vor allem die balinesischen Eliten zum Opfer. Mit ihnen starben auch große Teile des alten Wissens. Lediglich in dem von Bali Aga bewohnten Dorf Tenganan hat die Kunst der Anfertigung von Palmblattmanuskripten bis auf den heutigen Tag überdauert. Inzwischen beherrscht jedoch die Massenproduktion von Kalendern als Touristensouvenirs das Tagesgeschäft der einheimischen Handwerker.

Aus diesen Gründen entschloss sich bereits der Großvater des heutigen Pedanda, die Abschriften der alten Manuskripte handschriftlich in robusten, ledergebundenen Folianten niederzulegen. Sein Enkel ist heute immer noch mit dem Abschreiben des Bestandes der Bibliothek befasst. Dies vermittelt eine bescheidene Vorstellung vom Umfang der Sammlung des Ida Pedanda Gd. Pt. Ngenjung.

Für das Auffinden der jeweiligen Informationen genügen hier die Angabe von Namen und Geburtsdatum des Klienten. Danach wird dem Besucher sein Lebenslauf vorgelesen. Pedanda Ngenjung trägt dabei den Text zunächst auf Balinesisch vor. Vorher muss er die Information aus dem Alt-Javanischen, das in seinem Ursprung dem Alt-Tamil Südindiens verwandt ist, in das heutige Balinesisch übersetzen.

Mein Dolmetscher I Wayan Kasta schrieb zunächst die Übersetzung auf Balinesisch mit. Danach übertrug er den Text für mich mündlich ins Englische. Es ist dem Klienten freigestellt, die für ihn wichtigen Punkte selbst zu notieren oder das Lontarreading akustisch oder mittels Videokamera aufzuzeichnen.

Die Lesung untergliedert sich in mehrere Punkte. Sie beginnt mit einer Einleitung, in welcher die astrologischen Daten des Klienten unter Verwendung des balinesischen „Wuku"-Kalenders bestimmt werden. Danach werden aus diesen Konstellationen dem Ratsuchenden bestimmte Symbole zugeordnet. Dies sind ein Gottessymbol, ein Persönlichkeitssymbol, ein Tiersymbol, welches die Spiritualität des Betreffenden darstellt, sowie ein Pflanzen- und ein Vogelsymbol.

Aus diesen Symbolen kann der Lontarleser Rückschlüsse auf den Charakter und das Karma des Klienten ziehen. Darauf aufbauend, werden zunächst eine oder mehrere vergangene Inkarnationen besprochen, welche Auswirkungen auf das jetzige Leben der Person haben.

Dann berichtet Pedanda Gd. Pt. Ngenjung anhand des Textes von der Vergangenheit seines Klienten in diesem Leben. Die mitgeteilten Fakten können durch Rückfragen überprüft werden. Danach folgt die Schilderung charakterlicher Eigenschaften ebenso wie von Talenten und Fähigkeiten des Klienten.

Daraus leiten sich entsprechende Aufgaben ab, welche für die Gestaltung der Zukunft des Ratsuchenden wichtig sind. Das künftige Leben des Klienten wird in Abschnitten von jeweils 6 Jahren bis hin zum genauen Todestag geschildert und erläutert.

Dabei symbolisieren Zahlen den Einfluss, dem das Leben des Klienten in den betreffenden Zeiträumen unterliegt. Die Ziffern 0 und 1 stehen für Umbruch und Neuorientierung, während die Ziffer 7 als höchste verwendete Zahl die Erfüllung der Lebensaufgabe ebenso wie Glück, Gesundheit und Wohlstand verheißt. Sie symbolisiert die „Geschenke der Götter". Dieser Abschnitt des Lontarreadings dient vor allem dazu, noch unbewußte, brachliegende Fähigkeiten, die bereits in früheren Leben erworben wurden, für die Aufgaben in dieser Inkarnation nutzbar zu machen.

Ein weiteres Kapitel des Readings ist der gesundheitlichen Verfassung des Klienten sowohl in psychischer als auch in physischer Hinsicht gewidmet. Hier werden auch die Gegenmittel, etwa in Form bestimmter Meditationstechniken oder klassischer balinesischer Kräutermedizin zur Behebung bestehender oder künftig auftretender gesundheitlicher Probleme genannt.

Danach wird noch einmal gesondert die Thematik Partnerschaft und Familie mit allen positiven und auch weniger günstigen Aspekten besprochen. Zum Abschluß des Readings erhält jeder Klient ganz persönliche Vorschläge für Opferzeremonien oder andere Handlungen, welche dazu bestimmt sind, bestehende Probleme aufzulösen, und künftig mögliche negative Einflüsse zu neutralisieren. Das Lontarreading von Selat ist recht umfangreich und dauert pro Person etwa eine Stunde.

Die Informationen des Lontarreadings werden von insgesamt 1.050 spezifischen Charakteristika hergeleitet. Diese Zahl ergibt sich aus den dem Wuku System zugrunde liegenden Wochenrechnungen.

Die Balinesen kennen eine Dreitageswoche, eine Fünf- und eine Siebentageswoche. Das bedeutet, wenn ein Mensch an einem bestimmten Wochentag geboren ist, werden ihm die dazugehörigen Merkmale zugeordnet.

Da aber jedes Individuum sein ganz eigenes Karma in dieses Leben mitbringt, ergeben sich entsprechende Unterschiede bei den Lesungen und somit ein personalisiertes, individuelles Reading. Dennoch können auch die Informationen über das Karma einer Person aus dem Kalender und den damit verbundenen Symbolen hergeleitet werden.

Das balinesische Wuku System dient also nicht primär der Messung der Zeit, wie unser westliches Kalendersystem. Es markiert im Gegensatz dazu die Eigenschaften bestimmter Tage. Damit wird der Zeit im Wuku System eine eigene Qualität zugesprochen. Dies ist vergleichbar mit dem Kalendersystem, welches die Maya für ihre prophetischen Berechnungen benutzten.

Dabei wird im Wuku Kalender die jeweilige Qualität des Tages durch die Angabe der Kombinationen der einzelnen Tagesnamen der verschiedenen Wochen bestimmt. Jeder Tag steht also für bestimmte positive oder negative Ereignisse und Eigenschaften.

Das balinesische Lontarreading greift also mit mathematischer Präzision auf ein System von kalendarischen Konstanten und Variablen zu, das wir mit Recht als eine Art Schicksalsmatrix bezeichnen können.

Die Präzision eines Lontareadings vermag zu dem naheliegenden Schluß verleiten, die Zukunft sei weitgehend vorherbestimmt. Jedoch hat die Akasha-Chronik, welche in ihrer Eigenschaft als Weltgedächtnis den eigentlichen Grund für jegliche Zukunftsdeutung liefert, nicht ausschließlich deskriptiven Charakter. Sie gleicht vielmehr einer Art von virtuellem Speicher, der ständig Dinge und Ereignisse aufnimmt, die initialisiert oder verändert werden.

Die Akasha-Chronik schreibt also den Ablauf der Ereignisse nicht unausweichlich vor. Es ist vielmehr möglich, mit ihr und den Vorhersagen aktiv zu arbeiten. Die Zukunftsdeutungen sind ebenso wie die Akasha-Chronik selbst Hilfsmittel zur Klärung von Ursachen, die in der Vergangenheit liegen und sich in der Gegenwart auswirken oder sich erst noch möglicherweise in der Zukunft auswirken werden.

Die eigene Zukunft mittels des Lontarreadings zu kennen, bedeutet daher gleichzeitig auch, diese Zukunft beeinflussen zu können. Wenn es so etwas wie ein Geheimnis der Schicksalsbibliothek von Bali gibt, dann ist es dies - die Informationen aus den Lontar-Texten sind Beschreibungen unseres Lebens. Leben müssen wir unser Leben aber selbst jeden Tag aufs Neue. So schreiben wir schließlich das Buch unseres Schicksals.

Abb. 21: Restaurator bei der Arbeit im Palmblattarchiv von Singaraja

Abb. 22: Dem Palmblattleser über die Schulter geschaut

Abb. 23: Der Autor im Palmblattarchiv von Singaraja

Abb. 24: Unser Übersetzer und Begleiter I Wayan Kasta

Abb. 25: Schicksalslesung für Einheimische

Abb. 26: Pura Luhur - Tempel des Rishis Agasthya

Abb. 27: Pura Luhur

Abb. 28: Darstellung des Rishis Agasthya

Abb. 29: Die Heilige Quelle

Abb. 30: Palmblattbibliothek in Selat

Abb. 31: Bei den Ali Aga von Tenganan

Die Schätze der traditionellen Heiler von Bali

Für Balinesen sind nicht nur Leaks, Ahnen und die Schicksalsbibliothek Realität – neben der modernen, westlich geprägten Medizin existiert auf der Insel bis heute eine eigenständige Form des Heilens, die im besten Sinne des Wortes ganzheitlich genannt werden kann. Sie ist das Ergebnis einer mehr als anderthalb Jahrtausende andauernden Wechselwirkung zwischen den Erkenntnissen der urbalinesischen Bali Aga und dem Hinduismus. In dieser Weise wird sie von den traditionellen balinesischen Ärzten, den Balyans bis heute angewandt und in der örtlichen Fachliteratur beschrieben.

Eine solche Literatur existiert tatsächlich, wenn sie auch lange Zeit von den niederländischen Kolonialherren ignoriert und negiert worden ist. Sie besteht aus den sogenannten Lontar-Schriften. Es sind dies auf den getrockneten und entsprechend präparierten Blättern der Rontal Palme (Borassuslabelliformis) eingeritzte Urkunden, die ein umfangreiches Material zum Studium der Geschichte, Kultur, Rechtswissenschaften, Verfassung, des Gottesdienstes und aller Bereiche des täglichen und Geisteslebens der Balinesen enthalten.

Ihre Entstehung verdanken sie hinduistischen und hindu-javanischen Einwanderern, die diese Art der Schreibkunst zur Bewahrung wichtiger Geistesgüter mitbrachten. Das Vorhandensein einer im Gegensatz zur benachbarten Insel Java erheblichen Anzahl von Lontars verdankt Bali wahrscheinlich dem Umstand, dass es von der islamischen Flut verschont blieb, welche im 15. Jahrhundert Java überschwemmte. Dadurch unterblieb hier die Zerstörung, der auf Java die meisten Lontarschriften anheim fielen.

Unter diesen Lontars gibt es eine ganze Anzahl, die sich mit der Medizin und ihren Grenzgebieten beschäftigen. Auch sie verdanken ihre Entstehung den bereits erwähnten Einwanderern, denn sie sind in der Anordnung und der Wahl des Stoffes ein Abbild indischer Schriften, und man kann unschwer die medizinisch-philosophischen Systeme des alten Indiens darin entdecken. Dies bedeutet jedoch nicht, dass die balinesischen Schriften lediglich ein Abklatsch der indischen Originale wären. In ihnen finden sich auch recht viele original urbalinesische Bestandteile. Das traditionelle medizinische System der Balinesen besteht daher aus zwei Grundeinheiten:

1. den urbalinesischen, sich größtenteils mit alt-javanischen Vorstellungen deckenden Auffassungen,
2. den importierten, hinduistischen und hindu-javanischen Anschauungen.

Die medizinischen Lontars werden in zwei Gruppen eingeteilt. Da gibt es die Usadas (Vorschriften, Rezepte, Arzneimittel) und dann die Tuturs (Lehren, Kommentare).

Während die Usadas jedermann frei zugänglich sind, erfordert das Lesen der Tuturs spezielle Kenntnisse des Alt-Javanischen (Kawi). Außerdem gibt es darin zahlreiche symbolische oder geheime Ausdrücke, deren Sinn sich nur dem Eingeweihten erschließt.

Nicht selten besteht ein medizinischer Lontar aus zwei Teilen – der Usada und der Tutur. Ein solches Lontarbuch überdauert im Normalfall zwischen 300 und 800 Jahre. Wenn es alt und brüchig geworden ist, wird eine Abschrift des Textes auf neuen Lontarblättern angefertigt.

Die bedeutendste medizinische Usada ist offenbar Budhakecapi, ferner werden noch Kalimousada und Kalimousadi genannt, welche grundlegende Angaben über die Herkunft der ärztlichen Wissenschaften, Vorschriften für das Verhalten des Arztes und Erläuterungen über das Wesen der Krankheiten enthalten.

In hohem Ansehen stehen auch Usadasari und Dharma Usada, die aber als Ableitungen aus den erstgenannten Werken charakterisiert werden. Jeder balinesische Arzt kennt diese hervorragendsten und wichtigsten medizinischen Schriften.

Nach der Überlieferung sind die Usadas göttlichen Ursprungs. Die hinduistischen Götter Brahma, Vishnu und Iswara sollen sie einst geschaffen haben. Manchmal wird auch der Rishi Kasyapa als Schöpfer der Usadas genannt. Er gehört zu den Sapta Rishis, den sieben Weisen oder Sehern der Vorzeit, welche bis heute in Indien und Bali als Kulturbringer verehrt werden.

Kasyapa war der Arzt und Heiler unter den sieben Rishis. Auf ihn beziehen sich die balinesischen Ärzte noch heute. Sie werden Balyan Usada, Heilkundige, genannt. Sowohl Männer als auch Frauen können traditionell diesen Beruf ausüben. Ihr Wissen umfasst eine an das indisch-ayurvedische System angelehnte Kräuterheilkunde ebenso wie Kenntnisse der Energieübertragung und Geistheilung.

Elemente der traditionellen chinesischen Medizin hingegen werden nur in äußerst geringem Umfang angewandt. In den traditionellen Lontars findet sich lediglich eine Schrift von zweifelhaftem Inhalt. Hier geht es vor allem um die Herstellung von Giften zwecks Schädigung oder Tötung von Mitmenschen. Glücklicherweise ist dieses Traktat den meisten Balinesen unbekannt.

Auch der nach dem Wuku System strukturierte altbalinesische Kalender spielt vor allem bei den Diagnosen der Balyan Usada eine entscheidende Rolle. In der Fünftagewoche etwa tragen die Tage folgende Namen: umanis, paing, pong, wage und kliwon. Jeder Tag steht für bestimmte positive oder negative Ereignisse bzw. Eigenschaften.

Diesen Umstand machen sich die Balyan Usada zunutze. Insbesondere die Fünftageswoche wird von ihnen bei Diagnosen zu Rate gezogen, da hinter dieser Wocheneinteilung das fünfgliedrige Kosmogramm erkennbar ist. Die fünffache Gliederung der kosmischen Mächte bildet also die Basis der Diagnose, welche von ihrer fünffachen Erscheinungsweise in der Zeit die Daten ihrer Berechnung herleitet.

Für die Diagnose bedeutet dies konkret, wie im folgenden aus dem pancawaratanya, dem „Orakel der Fünftageswoche" zitiert:

Kommt am umanis jemand, der wegen einer Krankheit fragt,
und kommt er aus dem

Norden, dann stirbt der Kranke;
Osten, dann wird er gesund;
Süden, dann wird er gesund;
Westen, dann bleibt er krank.

Er ist einem Baum begegnet, der von einem Blitz getroffen worden ist. Das ist die Ursache seiner Krankheit. Es folgen Anweisungen für die Opferzeremonien zur Entsühnung.

Kommt am paing jemand, der nach einer Krankheit fragt, und kommt er aus dem

Osten, dann stirbt der Kranke;
Süden, dann wird er gesund;
Westen, dann wird er gesund;
Norden, dann bleibt er krank.

Er ist durch den sumpfigen Einfluß eines Naßreisfeldes verzehrt. Das ist die Ursache seiner Krankheit. Auch hier müssen Opfer gebracht werden.

Kommt am pon jemand, der wegen einer Krankheit fragt, und kommt er aus dem

Süden, dann stirbt der Kranke;
Westen, dann wird er gesund;

Norden, dann wird er gesund;
Osten, dann bleibt er krank.

Bei den Ahnen liegt die Ursache seiner Krankheit. Sie müssen durch Opfer versöhnt werden.

Kommt am wage jemand, der wegen einer Krankheit fragt, und kommt er aus dem

Westen, dann stirbt der Kranke;
Norden, dann wird er gesund;
Osten, dann wird er gesund;
Süden, bleibt er krank.

Eine „Einklemmung" ist die Ursache seiner Krankheit. Die Einklemmung bedeutet eine Störung des natürlichen Energieflusses im menschlichen Körper durch energetische Blockaden. Diese können ihren Ursprung in einem Trauma, aber auch in der Anwendung von Schwarzer Magie haben. In diesem Fall sind ebenfalls Opferzeremonien erforderlich.

Kommt jemand am kliwon und fragt wegen einer Krankheit, und kommt er aus

Norden, dann stirbt der Kranke;
Osten, dann wird er gesund;
Süden, dann wird er gesund;
Westen, dann bleibt er krank.

Im Norden liegt die Ursache seiner Krankheit.

Soweit also die Diagnose nach dem „Orakel der Fünf Lehrer".

Obwohl noch heute zahlreiche Balyan Usada auf Bali praktizieren, ist es doch für den Fremden schwierig, während seines allgemein eher kurzen Aufenthaltes mit ihnen in Kontakt zu kommen. Die traditionellen Heiler üben ihre Kunst bescheiden, und ohne großes Aufsehen aus. Zu sehr wurden sie in den Zeiten der holländischen Kolonialherrschaft als Quacksalber und Scharlatane diffamiert, als dass sie heute ohne weiteres Europäern ihre Dienste anbieten würden.

Ich hatte das Glück, auf meinen Reisen nach Bali die Bekanntschaft des inzwischen über achtzigjährigen Balyan Usada Tschakorda Rai machen zu dürfen. Er praktiziert seit mehr als vierzig Jahren in der Nähe des Künstlerortes Ubud, und gehört zu den wenigen Balyans, die auch Ausländer, also Nicht-Balinesen, behandeln.

Doch „Paktschok“, so sein Rufname, tut noch mehr – er gibt sein umfangreiches Wissen an ausländische Schüler weiter. Diese müssen jedoch bereit sein, eine längere Zeit, meist einige Monate, bei ihm zu leben und zu lernen. Der Grund für dieses ungewöhnliche Verhalten mag die Tatsache sein, dass bislang keines seiner neun leiblichen Kinder in Tschakordas Fußstapfen zu treten bereit ist. Wie überall, gehört auch auf Bali zum Beruf des Heilers eben auch die Berufung.

Tschakorda hat sich sein Wissen autodidaktisch durch die Lektüre der Usadas und Tutures angeeignet, eine medizinische Akademie oder gar Universität sah er nie von innen. Dennoch sind seine medizinischen Erfolge beeindruckend. Ich bin in den vergangenen Jahren mehrfach Zeuge geworden, dass er Menschen mit verschiedenen Leiden, von psychischen Problemen über quälende Rückenschmerzen bis hin zu Krebserkrankungen in fortgeschrittenem Zustand, erfolgreich heilte.

Seine Diagnose stellt Paktschok, in dem er zunächst bestimmte Meridiane und Energiepunkte an Kopf und Körper des jeweiligen Klienten untersucht. Danach prüft er mit Hilfe einer Art miniaturisierter Wünschelrute noch einmal die Meridiane an den Füßen seines Klienten. Aus den Reaktionen des auf diese Weise Untersuchten kann der Balyan auf mögliche Erkrankungen und / oder energetische Blockaden im Körper seines Klienten schließen.

Während der Diagnose und des nachfolgenden Heilungsrituals steht Tschakorda Rai nach eigener Aussage mit den kosmischen Heilenergien des Universums in Verbindung. Er würde sich aber nie als Wunderheiler bezeichnen, sondern sieht sich eher als eine Art Medium, durch das die universelle Heilenergie auf den Erkrankten lindernd und heilend wirkt, indem sie dessen Selbstheilungskräfte stimuliert.

Zumeist ist es dem Balyan möglich, auf diese Weise seinen Besuchern schon bei der ersten Sitzung zu helfen. In besonders schwierigen Fällen, etwa Krebsleiden oder Erkrankungen des Immunsystems, können mehrere Heilsitzungen erforderlich sein.

Wie die meisten guten und angesehenen Balyans ist Tschakorda Rai eine Persönlichkeit von ausgesprochen positiven Charaktereigenschaften. Er hat ein würdiges, freundliches Benehmen und verbindet mit angenehmer philosophischer Ruhe den Eindruck einer großen Menschenkenntnis. Gern ist er bereit, sein umfassendes Wissen zu teilen, und beantwortet mit großer Freundlichkeit die Fragen seiner Besucher. Als Bezahlung für seine Dienste akzeptiert Tschakorda Rai lediglich Spenden nach dem Gutdünken seiner Klienten.

Es steht zu hoffen, dass auch die nachfolgende Generation junger Balyans mit dem gleichen Eifer und der gleichen Ausdauer die Lehren der Lontar-Bücher studiert, um so das umfassende altbalinesische Heilwissen vor dem Vergessen zu bewahren. Vielleicht gehören zu diesen neuen Balyans dann auch einige Europäer – die Schüler Tschakorda Rais aus Ubud.

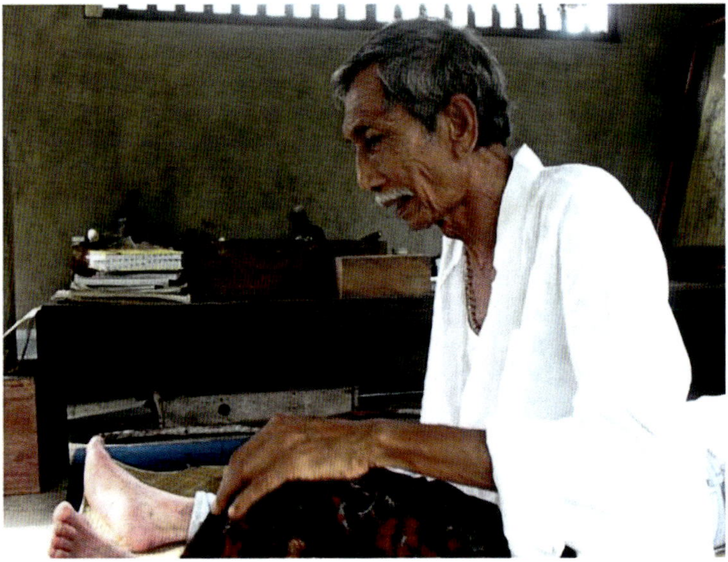

Abb. 32: Bei der Untersuchung

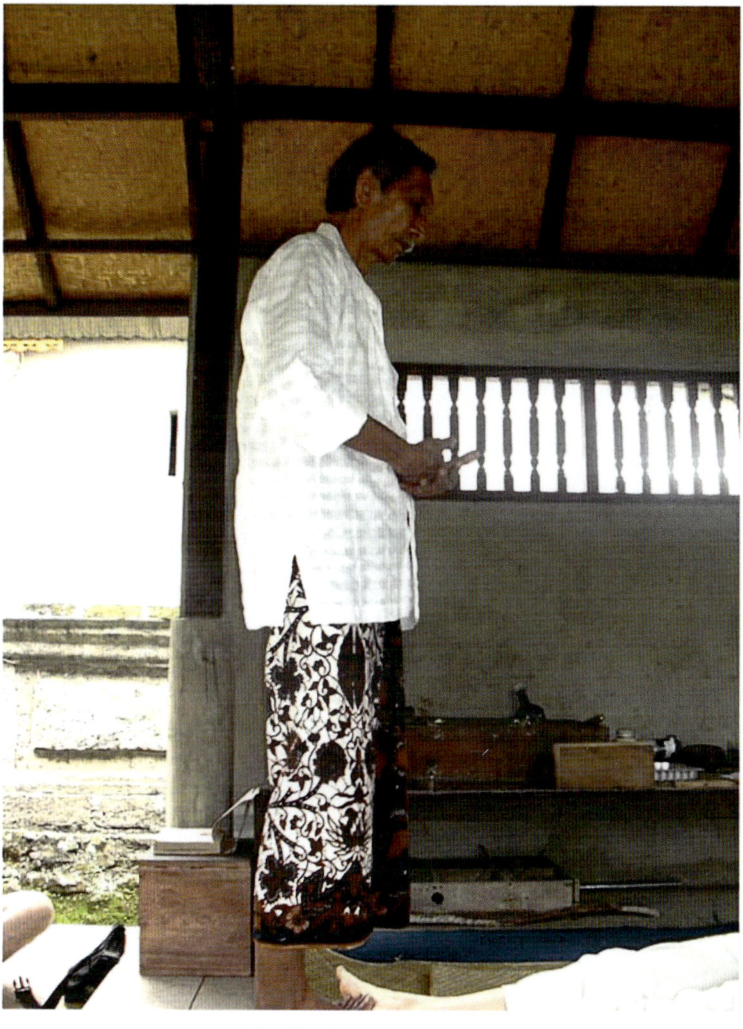

Abb. 33: Bei der Behandlung

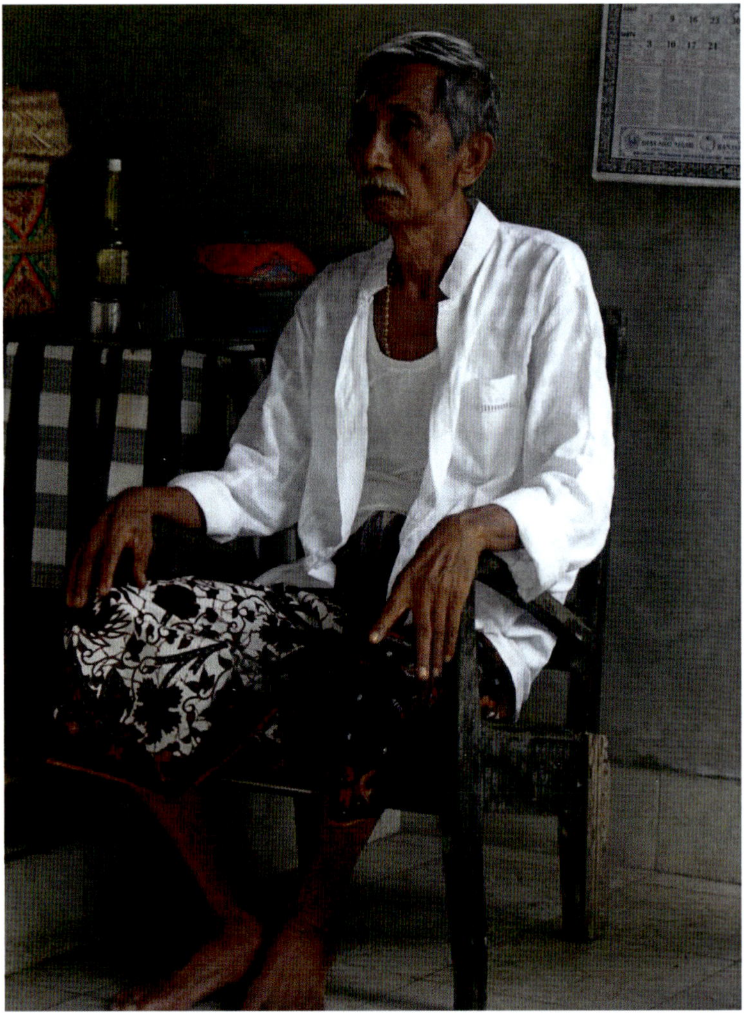

Abb. 34: Traditioneller Balian – Tschakorda Rai

Abb. 35: Im Anwesen des Heilers

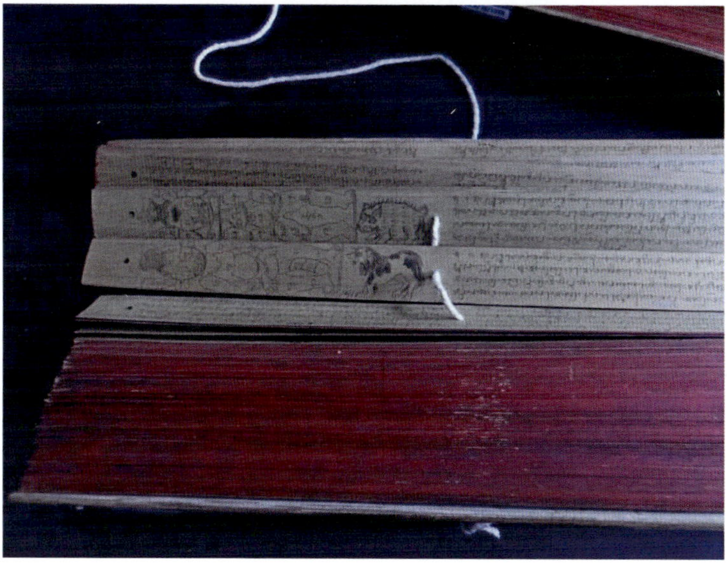

Abb. 36: Medizinlontar

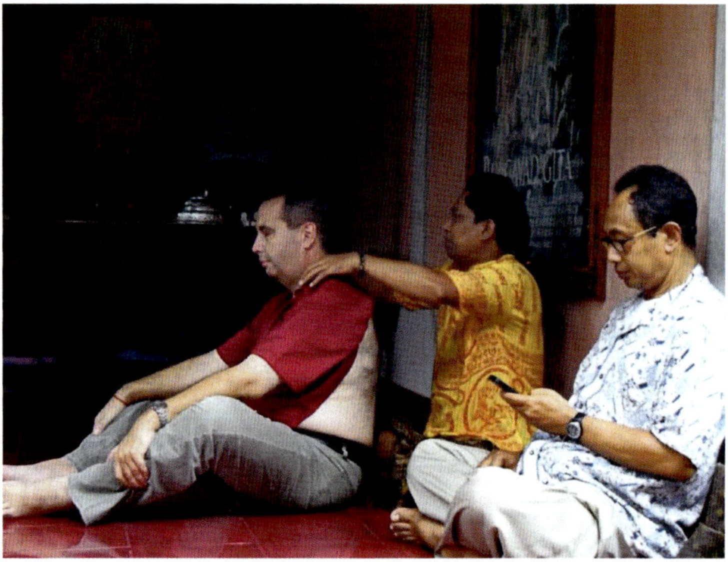

Abb. 37: Untersuchung des Autors durch den Auracleaner

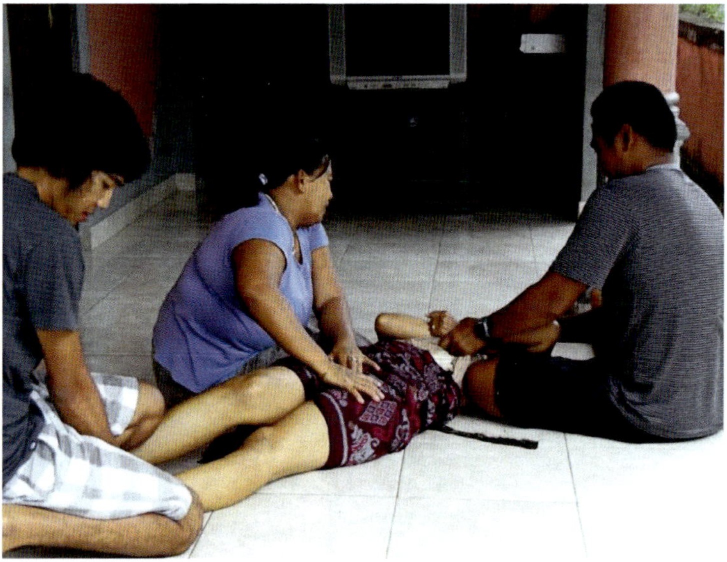

Abb. 38: Reinigung der Aura hilft besonders bei energetischen Besetzungen oder schwarzer Magie

Rendevous mit Balis jüngster Hohepriesterin

Die junge Frau sitzt mir gegenüber im warmen Schein der balinesischen Spätnachmittagssonne. Die traditionelle Brahmanentracht steht ihr gut. Ernst und würdevoll wirkt sie, und älter als sie eigentlich ist.

Ida Resi Alit zählt gerade einmal 29 Jahre. Doch wenn sie lächelt und spricht, ihre Worte mit ausdrucksstarken Gesten untermalt, dann ist sie auf einmal wieder ein junges Mädchen. Ida Resi Alit erzählt mir die Geschichte einer jungen Frau aus einfachen Verhältnissen in einem kleinen balinesischen Dorf. Es ist ihre eigene Geschichte.

Sie wurde hier, in diesem Dorf namens Demulih, in der Nähe der Kleinstadt Bangli in Balis Hochland am 14. März 1986 geboren, und erhielt den Namen I Komang Wediantari. Nichts deutete in ihrer Kindheit auf besondere Gaben oder eine ausgeprägte Spiritualität hin. Ganz im Gegenteil. I Komang Wediantari hatte nicht vor, so zu leben wie ihre Eltern und Verwandten als Bauern oder kleine Handwerker. Sie wollte raus aus dem Dorf, in die Stadt, und etwas aus sich machen. Nachdem sie im Jahr 2005 die Schule abgeschlossen hatte, war es ihr größter Traum, zu studieren. Doch die dafür notwendigen finanziellen Mittel vermochte ihre Familie nicht aufzubringen.

So entschloß sich die junge Frau, zunächst eine Arbeit anzunehmen, um damit ihr Studium zu finanzieren, und vielleicht sogar ihre Familie zu unterstützen. Die Arbeitssuche führte sie weit über das heimatliche Bali hinaus, bis nach Bintan, einer kleinen Insel in der Nähe von Singapore. Doch so sehr sie sich auch mühte, es gelang I Komang Wediantari nicht, eine Arbeitsstelle zu finden. Monate vergingen, und im November 2006 war sie schließlich gezwungen, unverrichteter Dinge in ihre Heimat zurückzukehren.

Die ständige vergebliche Mühe und die zahllosen Enttäuschungen forderten nun ihren Tribut. I Komang Wediantari verfiel in tiefe Depression. Ihr Großvater, der Dorfpriester Manku Bawe machte sich zunehmend Sorgen um das Wohlergehen seiner Enkeltochter.

Wenn es in weltlichen Dingen nicht gut um I Komang Wediantari stand, so würde sie doch vielleicht im Spirituellen Halt und neuen Mut finden. Daher entschloß sich Mangku Bawe, seine Enkelin in Yoga und Chakren Meditation zu unterrichten.

Diese brachte seiner Idee jedoch zunächst nur wenig Aufmerksamkeit entgegen. Die Meditationen langweilten sie, die noch immer von Beruf und Studium in der Stadt träumte. Doch nach einiger Zeit sollte sich ihre Situation dramatisch verändern. Während einer Meditation fühlte I Komang Wediantari ihr völlig unbekannte Energien in sich aufsteigen, und begann, Mantren zu rezitieren, die sie vorher nie gehört, geschweige denn gelernt hatte. Dieses Ereignis sollte den Beginn ihres spirituellen Erwachens markieren.

Die junge Frau, welche vorher nie ein Interesse an spirituellen oder religiösen Themen entwickelt hatte, und der Hindureligion ihrer Vorfahren nur darum folgte, weil es eben so Tradition war, machte nunmehr regelmäßig außerkörperliche Erfahrungen und entwickelte eine direkte, starke Verbindung zu den geistigen Welten. Sie beschreibt es als den „Unterricht durch ein weibliches Geistwesen". Auf diese Weise erhielt sie auch die Instruktion, eine bestimmte Zeremonie durchzuführen, deren Sinn sich ihr jedoch nicht erschloß.

Die Familie war zunächst skeptisch, entschloß sich aber, den neuen Weg der Tochter zu unterstützen. Bei der abendlichen Zeremonie im Familientempel kam es dann zu einem außergewöhnlichen Vorfall. Während ihrer Meditation wurde I Komang Wediantari plötzlich bewußtlos. Doch nicht nur das. Sie fiel ins Koma, hörte schließlich auf zu atmen. Auch ihr Puls war nicht mehr fühlbar. Ihre Familie reagierte voller Panik und Trauer, war doch I Komang Wediantaris Vater erst sieben Jahre zuvor unter ganz ähnlichen Umständen aus dem Leben geschieden. Auch er war während einer Zeremonie in tiefe Bewußtlosigkeit verfallen, aus der er nicht mehr erwachte. Sollte es nun seine Tochter ebenso treffen?

Doch nach einiger Zeit kehrte das Leben in ihren Körper zurück. Es war gegen zwei Uhr morgens, als I Komang Wediantari aus ihrer Bewußtlosigkeit erwachte. Doch noch war sie nicht in der Lage, sich zu bewegen, oder auch nur zu sprechen. Aber sie konnte sehen, und sie sah ein mächtiges, helles Licht am nächtlichen Himmel, das an einen Laser erinnerte. Auch die anderen Familienangehörigen sahen dieses Licht.

Danach erlangte I Komang Wediantari wieder die volle Herrschaft über ihren Körper. Doch sie war von dem Erlebten so erschöpft, daß sie bis zum Nachmittag des darauffolgenden Tages schlief. Als I Komang Wediantari erwachte, war sie eine andere geworden. Sie konnte Mantren rezitieren, die sie nie gelernt hatte, und beherrscht mehr davon, als Brahmanen Priester jemals in ihrer Ausbildung lernen.

Auch das pewedaan ist ihr geläufig, also die Fähigkeit, in Sanskrit oder anderen alten Sprachen zu kommunizieren, von denen sie in ihrer Schulzeit nichts gehört hatte. I Komang Wediantari beherrschte auf einmal sämtliche Mudras, die sakralen Handbewegungen sowie komplexe religiöse Riten wie tantrische Tänze und Gesänge.

Ihre Fähigkeiten sprachen sich rasch herum, und erreichten auch die Brahmanen Balis. Sie wollten diese außergewöhnliche junge Frau gern näher kennen lernen. Auf diese Weise traf I Komang Wediantari im Februar 2007 in der Nähe von Ubud den Priester Nabe, einen spirituellen Lehrer, der ihr nahe legte, sich zur Brahmanin und Hohepriesterin weihen zu lassen. Der Weg dahin war hart, und vom National Board of Ordination of The Hindu Dharma Association detailliert vorgeschrieben. Er umfaßte zahlreiche spirituelle und körperliche Tests, welche jeder für sich allein schon eine große Herausforderung darstellte.

Doch I Komang Wediantari meisterte sie alle. Nach nur 21 Tagen intensiver Meditation und spiritueller Arbeit ohne den sonst üblichen formalen Unterricht war sie kurz nach ihrem 21. Geburtstag bereit für die Weihe zur Hohepriesterin. Üblicherweise dauert es mindestens drei Jahre unter der Anleitung eines erfahrenen spirituellen Lehrers, bevor der Novize oder die Novizin bereit ist für die endgültigen Prüfungen. Normalerweise sind die Kandidaten für dieses Amt zu Beginn ihrer Lehre mindestens vierzig Jahre alt. Auf Bali gibt es mehr als sechzig Hohepriester, von denen aber nur fünf Frauen sind. Alle entstammen jedoch der Brahmanenkaste, welcher I Komang Wediantari nun eben nicht angehört. Sie ist ein absoluter Ausnahmefall in der Geschichte balinesischer Religion und Spiritualität. Ihre endgültige Prüfung durch die Mitglieder des National Board of Ordination of The Hindu Dharma dauerte lediglich zwanzig Minuten. Dann wurde die feierliche Weihe zur Hohepriesterin vorgenommen.

I Komang Wediantari erhielt als Zeichen ihrer spirituellen Wiedergeburt einen neuen Namen – Ida Panditha Mpu Budha Maharsi Alit Parama Daksa oder einfach – Ida Resi Alit.

Seither lebt Maharesi Alit ihre Schicksalsaufgabe. Mit Hilfe von heiligem Wasser führt sie Reinigungszeremonien durch, deren Aufgabe es ist, energetische Blockaden zu lösen und seelische Leiden sowie körperliche Krankheiten zu heilen. Außerdem erfüllt sie ihre Pflichten bei den auf Bali so zahlreichen wichtigen Ritualen und Zeremonien, welche die Balinesen durch das gesamte Leben begleiten.

Ich bin selbst Zeuge von Ida Resi Alits Reinigungszeremonien für Europäer und Balinesen geworden. Diese Rituale beginnen stets mit einer gemeinsamen Meditation in traditionell balinesischer Tracht. Das entspricht nicht nur der Tradition, sondern ist auch dem Umstand geschuldet, daß die Klienten durch die

Reinigung mit dem Heiligen Wasser komplett durchnäßt werden. Besucher sollten also immer eine zweite Garnitur Kleidung dabei haben.

Die Reinigungszeremonien verlaufen meist sehr emotional. Energetische Blockaden werden aufgebrochen, alte Verletzungen und unverarbeitete Lebensthemen werden herauf und dann vom heiligen Wasser im wahrsten Sinne des Wortes davon gespült.

Ida Resi Alit ermutigt ihre Klienten zu emotionalen Reaktionen: „Laßt alles zu, und dann laßt es los. Wonach Euch auch immer ist, was auch immer kommt, tut es. Schreit, weint, stampft mit den Füßen, lacht Euch krumm und schief. Das ist egal. Aber macht es, lasst es zu. Und dann laßt es los."

Ida Resi Alit hat eine Vision von spiritueller Einheit. Es ist ihr Anliegen, ein spirituelles Zentrum zu schaffen, in dem sich Menschen aller Religionen, Weltanschauungen und Rassen treffen und sich austauschen können. Dafür soll ihr Ashram stehen – der Ashram Purwa Agung.

Nicht nur sie wird hier lehren, jeder spirituelle Meister ist eingeladen, hier sein Wissen an interessierte Schüler weiterzugeben. Ida Resi Alit weiß, das alles – jede Inspiration, jede spirituelle Schule und jede Religion - aus einer Quelle kommt. Das Ganze enthält alles Teile, und in jedem Teil ist das Ganze zu finden.

Noch steckt Ida Resi Alits Vision in den Kinderschuhen. Ihr spirituelles Zentrum ist eine Baustelle, im wahrsten Sinne des Wortes. Doch unglaublich viel ist bereits in kurzer Zeit entstanden. Kleine Gästehäuser erheben sich dort, wo noch vor kurzem Dschungel war. Nun wird der Tempel renoviert und vergrößert. Es ist jener Familientempel, in dem vor ein paar Jahren alles begann.

„Eines Tages werde ich reisen, so wie du", sagt Ida Resi Alit zu mir und lächelt wieder. „Eines Tages wird es soweit sein. Doch jetzt beginne ich erst einmal hier, zu Hause. Der Platz stammt von meinen Vorfahren, und ich gehöre hier hin. Die Idee wird wachsen, Stück für Stück, und so wird es auch das Zentrum. Ich kann diesen Platz nicht für mich allein haben. Er ist da zum Teilen, mit allen, die daran Teil haben wollen. Denn ich brauche auch Leute, die mir hier helfen. Eine Vision ist etwas Gutes. Sie ist der Ursprung. Aber um sie zu manifestieren, braucht es Helfer."

Doch Ida Resi Alit hat keine Eile. Alles entwickelt sich so, wie es sein soll. Alles ist präsent – die Lehren der Vergangenheit, die Pläne für die Zukunft, die Hoffnung auf Gelingen und auch die Ängste, dieser Aufgabe doch nicht gewachsen zu sein. Jeder kann Teil dieses Werkes sein, und auch Teil eines gemeinsamen spirituellen Wachstums mit Ida Resi Alit, dieser außergewöhnlichen jungen Frau und begnadeten spirituellen Lehrerin.

„Es hat alles gerade erst begonnen. Und es wird seine Zeit brauchen, bis die Arbeit Früchte trägt" meint Ida Resi Alit, „eine lange Zeit. Doch was ist schon Zeit?"

Wieder lächelt sie und schaut hinüber in die untergehende Sonne.

„Weißt du, ich wollte nie Hohepriesterin werden. Aber es ist mein Schicksal."

Ida Resi Alit hat sich gefunden und ihre Aufgabe, ihre Mission angenommen, obwohl ihr ursprünglicher Lebenstraum darin keinen Platz hat. Ida Resi Ali hat akzeptiert, ein Teil des göttlichen Plans zu sein. Dies ist ihr letztlich wohl auch nicht schwergefallen. Schließlich ist sie Balinesin – und Hohepriesterin.

Abb. 39: Ida Resi Alit

Abb. 40: Balis jüngste Hohepriesterin

Abb. 41: Im Ashram

Abb. 42: Meditation mit Ida Resi Alit

Abb. 43: Ida Resi Alit

Abb. 44: Ida Resi Alit während des Reinigungsrituals

Abb. 45: Wasserzeremonie/Reinigungsritual

Abb. 46: Wasserzeremonie/Reinigungsritual

Anhang

Begriffserläuterungen:

Bali Aga: Wörtlich für „die alten Balinesen". Damit ist eine Volksgruppe gemeint, die sich der Einführung des Hinduismus und insbesondere des Kastensystems hinduistischer Prägung im 12. und 13. Jahrhundert widersetzten. Sie pflegen bis heute ihre eigenen Rituale und Gebräuche, die sich von denen der übrigen Balinesen unterscheiden. Die Bali Aga sind in verschiedenen Regionen der Insel beheimatet, so im Dorf Trunyan am Batur-See und in Tenganan. Tenganan gilt als reichster und mächtigster Ort der Bali Aga. Seine Einwohner sind als geschäftstüchtige Kaufleute bekannt.

Balyans: Traditionelle balinesische Ärzte und Heilkundige

Brahmane: sanskr.: brahmana; Angehöriger der obersten Kaste der Hindus. Angehörige dieser Kaste sind in Bali für das Amt des Priesters prädestiniert

Brahma: Hinduistischer Schöpfergott, der das gesamte bekannte Universum geschaffen haben soll.

Durga: Göttin der Energie, Kraft und Gewalt, die dunkle Seite der Göttin Parvathi

Iswara: Wird in Bali auch Iswari genannt. Sie ist ebenfalls bekannt als Parvathi, die Gattin des Hindugottes Shiva. Iswara oder Parvathi gilt im Hinduismus als die Göttin der Familie und der Gesundheit.

Mantra: Heilige Gesänge. Worte voll geistiger Kraft bzw. heilige Formeln.

Parvathi: Hinduistische Göttin der Gesundheit und Familie, Gefährtin des Hindugottes Shiva

Pedanda: So werden auf Bali die Angehörigen der Priesterkaste genannt, denen allein das Lesen der alten, heiligen Texte vorbehalten ist. Lesungen poetischer Texte, die auf den alten indischen Epen Mahabharatha und Ramayana basieren, sind unverzichtbarer Bestandteil von Tempelfesten und Totenritualen. Dabei wird bis heute zu diesen Anlässen ausschließlich von Palmblattmanuskripten gelesen. Eine Lesung der heiligen Texte von Manuskripten aus Papier gilt als schweres Sakrileg.

Ramajana: indisches Nationalepos mit 24.000 Doppelversen, wahrscheinlich von Valmiki verfasst (4./3. Jh. v. Chr.). Erzählt die Sagen von dem göttlichen Helden Rama (einer „Inkarnation" oder eines „Avatars" des Hindugottes Vishnu) und den Kämpfen, die er zu bestehen hatte, um seine von dem Dämonengott Ravana geraubte Gattin Sita zu befreien.

Rishis: Die Sieben Heiligen Rishis. Der Begriff Rishi bedeutet wörtlich „Rasende" oder besser „Seher". Die Rishis waren die Heiligen des vedischen Zeitalters in Indien. Das Sternbild „Großer Wagen" steht mit seinen Sternen für die Sieben Rishis.

Rishi Agasthya: Er war der Schriftgelehrte unter den Sieben Rishis, und soll Einfluß sowohl auf die Entwicklung der alt-tamilischen als auch der alt-javanischen Sprache gehabt haben. In Bali gilt er als Kulturbringer, der die Lontar-Bücher der Zukunftsdeutung auf die Insel brachte.

Shiva: Einer der drei Aspekte Gottes; Gott als Zerstörer, der auflöst, um Neues zu erschaffen; Gott der Hindu-Trinität.

Srimad-Bhagavatam: Auch Bhagavata Purana genannt – ist ein 18.000 Verse umfassender episch-philosophischer Klassiker der vedischen Literatur. Das umfangreiche Werk enthüllt, in Form von faszinierenden Erzählungen, Dialogen und Gleichnissen, alle Aspekte der vedischen Philosophie, Religion, Kunst und Geschichte. Es beschreibt die Gesetze von Karma und Reinkarnation sowie verschiedene Wege des Yoga und der Meditation und gibt auch in zahlreichen anderen Wissensbereichen – wie Psychologie, Soziologie, Kosmologie, Astronomie und Ethik aufschlußreiche Antworten. Darüber hinaus enthält das Srimad-Bhagavatam eine Vielzahl detaillierter Aufzeichnungen einer bemerkenswert fortgeschrittenen Zivilisation, die zu einer Zeit blühte, welche weit vor der uns bekannten Geschichte liegt. Es beinhaltet auch verblüffend präzise Voraussagen für die Gegenwart sowie für Zeiten, die uns noch bevorstehen. In der heutigen Zeit, die von den Veden prophetisch als Kali-yuga („das Zeitalter von Streit und Heuchelei") bezeichnet wird, kommt dieser unvergleichlichen Wissensquelle eine immer größere Bedeutung zu.

Veden: Der Hinduismus begründet sich in den Veden, d.h. heiliges Wissen, die von den Weisen (Rishis) „erschaut" wurden und die sie dann in Worte faßten. Lange Zeit wurde dieses Wissen nur mündlich überliefert, seine Hüter wurden Brahmanen genannt, im ursprünglichen Sinne eine spirituelle Bezeichnung für einen Wissenden, einen, der im Kontakt mit dem Brahman steht. Erst später wurden diese rituellen und magischen Formeln, Lieder, Opfergebete und Hymnen in Alt-Sanskrit aufgeschrieben. Im Mittelpunkt stand dabei immer das Opfer, das auf genau vorgeschriebene Art ausgeführt werden mußte, um das Wohlwollen der Götter und die universelle Harmonie aufrecht zu erhalten. Die Bedeutung des Opfers erklärt sich schon allein aus der Tatsache, daß die Arier ein nomadisierendes Hirten- und Kriegervolk waren und somit Kulthandlungen in Tempeln, wie wir sie aus dem heutigen Hinduismus kennen, gar nicht möglich waren. Ebenso waren in dieser Zeit natürlicherweise personifizierte Naturgewalten wie Agni, Surya und Indra von großer Bedeutung. Sinn der Opferhandlungen war es, die Gunst der Götter auf sich zu ziehen, um recht irdische Dinge zu erlangen, wie viele Söhne, Wohlstand etc.. Dem im Sinne des Dharma Lebenden, der alle Regeln seiner Kaste bezüglich Familie, Beruf, Gesellschaft etc. erfüllte, stand nach dem Tode das Land der Väter offen (scheint so etwas wie unser Paradies zu sein). Diese Religionsauffassung wird als Religion des Genießens im Gegensatz zu den später entstandenen Upanishaden verstanden, wo der Schwerpunkt auf der Erlösung (moksha) liegt. Die ältesten vedischen Hymnen sollen in die Zeit bis 1500 v.Chr. zurückgehen, während die ältesten Upanishaden ab 750 v.Chr. anzusiedeln sind.

Vimana-Veda: Die Wissenschaft der planetarischen und interplanetarischen Flugobjekte. Man sagte den Göttern nach, daß sie heute weitgehend unbekannte Energien verwendeten. In der Vimana-Veda werden verschiedene Flugobjekte beschrieben. Eine genaue detaillierte Beschreibung mit präziser technischer Genauigkeit würde eine perfekte Bauanleitung bieten. Es werden unbekannte Metalllegierungen beschrieben, unbekannte chemische und physikalische Formeln aufgezeigt sowie Erläuterungen zu verschiedenen Energieformen gegeben. Das Vimana-Veda ist ca. 5.000 Jahre alt.

Vishnu: Einer der drei hinduistischen Hauptgötter. Er gilt als der Hüter der Schöpfung. Vishnu erscheint auf dieser Welt nie in seiner eigentlichen Form, sondern immer in einer Gestalt, die seiner jeweiligen Aufgabe angemessen ist. Daher spricht man von den 10 Reinkarnationen oder Avataren Vishnus. Neun dieser Avatare sind bereits erschienen. Die bekanntesten von Ihnen sind Krishna und Rama.

Warung: Traditionelles balinesisches Restaurant, eine Mischung aus Kneipe und Tante Emma Laden.

Wuku Kalender: Traditioneller balinesischer Kalender, der sich am Mondjahr orientiert.

Verwendete Literatur

Childress, David Hatcher, Lost Cities of China, Central Asia and India, Adventures unlimited, Stelle, IL 60919 USA, 1991

Childress, David Hatcher, Lost Cities of Ancient Lemuria& the Pacific, Adventures unlimited, Stelle, IL 60919 USA, 1987

Childress, David Hatcher, Die Technologie der Götter, Peiting, 2003

Drewes, Oliver, The Indian Secret - Das Geheimnis der Schicksals- und Palmblattbibliotheken, Holistika Verlag, Meckenheim, 2013

Finlay, Huge& Kollegen, Indien-Handbuch, 5. Auflage, Gisela E. Walther Verlag, Bremen, 1997

Gentes, Lutz, Die Wirklichkeit der Götter, München, 1996

Hookaas, C., Drawings of Balinese Sorcery, E.J. Brill, 1980

Hobart, Angela, Healing Performances of Bali – between Darkness and Light, Berghahn Books, New York Oxford, 2005

Lansing, J. Stephen, The three worlds of Bali, Praeger, New York, Westport, London, 1983

Pink, Peter Wilhelm, Wariga – Beiträge zur balinesischen Divinationsliteratur, Dietrich Reimer Verlag, Berlin Hamburg, 1993

Risi, Armin: Gott und die Götter, Govinda-Verlag, Zürich, 1996

Ritter, Thomas: Die Palmblattbibliotheken und ihre Prophezeiungen zur Zukunft Europas, Kopp Verlag, Rottenburg, 2006

Rump, Peter, Urban, Gunda: Bali und Lombok, Reiseführer, Bielefeld, 2001

Sinha, Ashish, Lanka banks on Ramayan to woo Indian Tourists, The Hindu, Chennai, Januar 2008

Waterstone, Richard, Living Wisdom India, Duncan Baird Publishers, London, 1995

Weck, Wolfgang, Prof. Dr. med., Heilkunde und Volkstum auf Bali, P.T. BAP, Bali, 1986

Alle Fotos: Thomas Ritter

Weitere Informationen über Bali und Reisen zu den balinesischen Heilern und der Schicksalsbibliothek gibt es beim Autor:

Thomas Ritter

Rundteil Nr. 14, D-01728 Possendorf

Tel./Fax: 0049-(0)-35206-23399,

Mobiltelefon: 0049-(0)-172-3516849

www.thomas-ritter-reisen.de

E-Mail: ritterreisen@aol.com

Weitere Bücher von Thomas Ritter

im Verlagsprogramm des Ancient Mail Verlags:

Thomas Ritter

Healing Sticks

Das tibetische Buch der Heilung

ISBN 978-3-935910-63-7, Taschenbuch,
162 Seiten, 4 Farbfotos, 114 s/w-Abb., **€ 13,50**

Sie sollen aus den klaren Wassern des Paradieses entstanden sein, tief eingebettet im Erdinnern, über Millionen von Jahren dem gewaltigen Druck von Erd- und Gesteinsmassen ausgesetzt, mit magnetischen Strahlkräften ausgestattet, von Gnomen und Elfen bewacht – so werden in Sagen und Legenden die kostbarsten Kleinode unserer Erde, die Edelsteine beschrieben.

Die Lehre von der wundertätigen Heilkraft dieser Steine ist so alt, wie die menschliche Zivilisation.

Eine bis heute wenig bekannte Kunst der Heilung mit Kristallen stammt aus dem Himalaja, den Regionen Tibets und Ladakhs. Dort benutzen bis in unsere Zeit Priester, Mönche und Schamanen besondere Heilstäbe, die aus Kristallen gefertigt sind. Diese uralte Kunst des Kristallheilens soll ursprünglich in dem legendären Land Shambhala beheimatet gewesen sein. In frühen buddhistischen Schriften taucht der Ort unter dem Namen Chang Shambhala auf und wird als Quelle antiker Weisheit beschrieben. Seinen Bewohnern wird neben einem hohen moralischen und gesellschaftlichen Entwicklungsniveau vor allem eine außergewöhnliche spirituelle Reife nachgerühmt. Sie ist der Grund dafür, dass die Ärzte von Shambhala eine Heilkunst entwickelten, welche die Kenntnis von der Wirkung der einzelnen Kristalle einschließt.

Dem Autor dieses Buches ist es in mehr als zehnjähriger Arbeit gelungen, das Wissen um diese alte und einstmals geheime Heilkunst zu sammeln, um es auch für die Menschen der westlichen Welt zu erschließen.

Thomas Ritter

Sehnsucht nach dem Paradies

Die Kinderkreuzzüge im Jahr 1212

ISBN 3-935910-06-1, Din A5, Paperback,
109 Seiten, **€ 9,50**

Warum schweigen die meisten unserer Geschichtsbücher, wenn es um die Geschichte der Kinderkreuzzüge geht? Thomas Ritter hat umfangreiche Recherchen an den Orten des Geschehens durchgeführt und ist der Frage nachgegangen, was wohl der wahre Auslöser für die fanatischen Vorhaben der Kinderscharen gewesen sein mag.

Thomas Ritter

Katharer

Heiden, Ketzer oder wahre Christen?

ISBN 978-3-935910-84-2, 164 Seiten, 19 Farbfotos,
Paperback, **€ 13,50**

Wer waren sie wirklich, die Katharer - eine ketzerische Sekte oder wahre Christen, die ihren festen Glauben bewahrten, bis sie in einem gewaltigen Kreuzzug vernichtet wurden?

Thomas Ritter ist auf vielen Reisen ihren Spuren vom Aufstieg der Glaubensgemeinschaft bis zu ihrem tragischen Untergang gefolgt.

Folgen Sie ihm und entdecken auch Sie den Schatz der Katharer, von dem die Inquisitoren sagten, er sei von nicht mit Geld aufzuwiegendem Wert. Waren es materielle Dinge oder waren es einfach nur die Geheimnisse ihres Glaubens, die bis heute nicht vollständig ergründet sind?

Thomas Ritter

Die Palmblattbibliotheken und ihre Prophezeiungen zur Zukunft Europas

Überarbeitete und ergänzte Neuauflage

ISBN 978-3-935910-74-3, Din A5, Paperback,
273 Seiten, 12 Farb-Abb., **€ 19,50**

Indien ist für viele Menschen unserer westlichen Kultur immer noch ein fernes, märchenhaftes Reich voller Geheimnisse, Mythen und Legenden. Kein anderes Land auf dieser Welt wird mit einem solch uralten, hochstehenden spirituellen Wissen in Zusammenhang gebracht, wie eben Indien. Tatsächlich existiert dieses Wissen, der Veda, bis in unsere Tage. Das vedische Wissen umfasst zahlreiche Aspekte, zu denen auch Jothir Veda, die Kunst der Zukunftsdeutung, gehört. Anders als in Europa werden die Vorhersagen des Jothir Veda als exakte Wissenschaft begriffen. So verwundert es nicht, dass sich in Indien der Überlieferung zufolge 12 so genannte Palmblattbibliotheken befinden. Dort sollen die Schicksale von mehreren Millionen Menschen auf den getrockneten und entsprechend präparierten Blättern der Stechpalme in den alten Hochsprachen Sanskrit oder Alt-Tamil niedergeschrieben sein. Ein Blatt für jedes Leben. Ist dies Realität oder nur ein weiteres Märchen aus dem Morgenland? Der Autor wollte es genau wissen. Seit 1993 bereist er Indien. Thomas Ritter suchte und fand die sagenumwobenen Palmblattbibliotheken. Als erstem Europäer gelang es ihn, sein persönliches Palmblatt ausgehändigt zu bekommen, um es in der Heimat einer philologischen Untersuchung sowie einer Altersbestimmung mittels der C-14-Methode zu unterziehen. Die Ergebnisse dieser Untersuchungen sind wahrhaft sensationell und geeignet, gängige Weltbilder gründlich zu erschüttern. Doch die Weisen und Seher des alten Indien haben nicht nur die Schicksale einzelner Menschen aufgezeichnet. Sie hinterließen gleichzeitig atemberaubende Aufzeichnungen über die Geschichte der Menschheit, beschreiben die Probleme der Gegenwart und die zukünftige Entwicklung auf diesem Planeten.

Das eBook im Ancient Mail Verlag:

Ancient Booklet

Mit dem Ancient Booklet werden Fachartikel sowie vollständige Sachbücher, die bisher nicht mehr erhältlich waren, den Lesern wieder neu zugänglich gemacht. Außerdem umfasst das Angebot natürlich auch ständig neue, aktuelle Fachbeiträge, Buchauszüge und komplette Bücher aus unserem Verlagsprogramm.

Ancient Booklets sind erhältlich in den Shops von Amazon, Apple, Libreka, Ceebo, Weltbild und vielen weiteren Anbietern.

Unter dem Stichwort „Ancient Mail" finden Sie in diesen Shops unser gesamtes derzeit erhältliches Angebot, welches wir ständig für Sie erweitern.

Unsere Geschichte ist voller Rätsel –
Wir wollen helfen, sie zu lösen !

Bücher und Informationen zu den Themenkreisen Archäologische Rätsel dieser Welt, Paläo-SETI, Grenzwissenschaften, Sagen und Mythen.

Fordern Sie einfach *kostenlose* weitere Informationen an – per Postkarte, Fax, Telefon oder eMail beim

Ancient Mail Verlag • Werner Betz
Europaring 57, D-64521 Groß-Gerau
Tel. (00 49) 61 52 / 5 43 75, Fax (00 49) 61 52 / 94 91 82
eMail: ancientmail@t-online.de
www.ancientmail.de